AF143485

Ile d'Arz

Cartes postales anciennes

1403   Golfe du Morbihan (Mer intérieure sans rivale). — ILE D'ARZ.   Retour du Pardon d'Ilur.

Christophe Stener

Sommaire

Edition : Edition : BoD - Books on Demand
12/14 rond-point des Champs Elysées, 75008 Paris
Impression : Books on Demand GmbH, Norderstedt, Allemagne
ISBN : 9782322095803
Dépôt légal : Août 2016

Introduction

Que ce soit le recteur en soutane, assis sur un rocher de la côte, la fermière dirigeant sa paire de bœufs attelés à une charrette de bois débarquée en bout de cale de Pen-Raz ou encore des îliens et îliennes endimanchés pour assister aux régates d'août, sans oublier ces pèlerins, embarqués dans une grosse chaloupe de retour du Pardon d'Ilur, ces quelques cartes postales représentent les scènes du tout début du XXème siècle de l'île d'Arz.

Ile du golfe du Morbihan dont la petite communauté est fière de ses marins, homme durs et héritiers d'une réputation reconnue sérieuse dans le milieu maritime et qui ont contribué à son riche passé.

Un de ces clichés résume à lui seul ce passé maritime par la présence du brig-goëlette de commerce « Egalité », armé par un capitaine de l'île, embossé en bout de la cale de Béluré à son retour d'un voyage sur les côtes d'Algérie et qui disparut corps et biens lors de la première guerre mondiale.

Jean Bulot

La mer

L'attente du retour du marin

L'embarquement à Béluré pour le passage vers Vannes

La cale de Béluré avec le brick-goelette Egalité

Les vapeurs Gavrinis (supra) et Ville de Vannes (infra)

La "Ville de Vannes", de la Compagnie Vannetaise

Pratique religieuse

Le recteur, en soutane et coiffé de sa barrette, observe le déchargement avec des chars à bœufs sur la cale de Pen-Raz

Le retour du pardon d'Iur toujours pratiqué aujourd'hui

Golfe du Morbihan (Mer intérieure sans rivale)

ILE-D'ARZ - Chapelle de Notre-Dame d'Hur

Notre-Dame d'Hur, protégez nos marins

Chapelle Notre-Dame d'Hur, protégez nos marins

L'église Notre-Dame de la Nativité

Ancien clocher détruit en 1900 par une tempête

Groupe d'enfants Place de l'églis

Bateau ex voto et décoration ancienne de la nef

Chevet

Cimetière

L'église Notre-Dame de la Nativité qui date de 1034 a connu d'importante rénovations et agrandissements notamment au XVIème puis XIXème siècle ainsi qu'une restauration en 1900 du clocher abattu par une tempête. La décoration et la disposition de la nef et de l'autel ont été profondément remaniées pour plus de sobriété avec notamment la suppression de la chaire et l'installation d'une orgue du facteur Schwenkedel restaurée en 2016.

A consulter :

L'église Notre-Dame de la Nativité – Kuhn de Chizelle sur http://arz.fr/

Cahier du patrimoine http://www.musee-iledarz.com/

Les régates

Les régates vues du haut de la cale de Penraz

Iledarais

LA BRETAGNE — ÉTUDE DE COIFFES
2098 — Jeune Fille de l'Île d'ARS

Une belle îledaraise

Les invités de la noce assis sur des poutres

Coiffe de l'île d'Ars et de l'île-aux-Moines

Sinagot en famille réparant son filet

Jeunes filles de Belle-Ile-en-Mer et de l'île d'Arz

Jeunes élégantes

Paysages

Plantation de choux sur le champ, aujourd'hui espace Danet

Le bourg vu de Liousse

Le bourg vu de Kerolland

Golfe du Morbihan (Mer intérieure sans rivale). — ILE D'ARZ. — Panorama.

Vues du bourg prise du nord.

L'ISLE-D'ARZ — Entrée du Bourg

Talbouedec, édit.

Vue du bourg prise des hauteurs de Pen Liousse

Le bourg, l'ancien bureau de poste dans la grand rue

La cale du Mounien avec vue sur l'île-aux-Moines

Place de l'église

Café de la marine

Manoir de Kernoël

Kervio

Le vieux moulin et pointe de Billervé

Le Cap et son débarcadère

Grévin

Café moderne

La cale de Pen Raz

La place de l'église

Ancien Prieuré, devenu ferme, aujourd'hui Mairie et école

Notice

Les cartes postales anciennes (CPA), datées de 1900 à la fin des années 1940, de cet ouvrage sont reproduites de la collection de Christophe Stener. Droits réservés (DR).

Photographes & éditeurs

Alphonse David établi à Vannes : **collection David**
Combier Editeur à Mâcon :   logo **CIM**
Hamonic Emile et fils de Saint-Brieux : logo **Breiz E.H.**
Henri Laurent : **Collection H. Laurent, Port-Louis** puis **Collection Laurent-Nel**, Rennes
Isaac et Moyse Levy : marque **L.L.** puis **Lévy & Neurdein réunis**, puis **Compagnie des Arts Photomécaniques (CAP)**
Jos Le Douaré né en 1904 à Chateaulin : **Jos**
Lys à Clermont-Ferrand : **fleur de lys**
Maurice Tesson Imprimeur à Limoges : logo **trèfle MTIL**
Talhouedec éditeur de cartes photographiés par **Combier**
Villard, Joseph-Marie père et fils : photographes et éditeurs à Quimper (Finistère)

Bibliographie

 L'île des capitaines – Jean Bulot – Editions Jean Bulot - 1988
L'île d'Arz, l'île des capitaines – Jean Bulot- Beaux livres 2011
Conservatoire breton de CPA http://www.cartolis.org/
Centre d'Interprétation du Patrimoine https://cip.iledarz.fr/
Musée des capitaines http://www.musee-iledarz.com/

Contact

La Vitrine de l'île d'Arz
www.arz.fr   info@arz.fr